슈나우저를 읽다

김은호 시집

문학의전당 시인선
0281

슈나우저를 읽다

김은호 시집

문학의전당

시인의 말

오래 가둬두었던 나의 언어를 방류한다
부디 멀리 가길, 행복하길……

우리가 함께 꾸었던 꿈이 잊히지 않거든
연어처럼 돌아와서 내게 긴 생명의 끈을 이어주기 바란다

나의 노래인 하느님과 가족, 이웃, 친구들,
뭇 생명과 가평 명지산에 감사한다

봄날, 독립군가를 부르며 오시는 아버지가 있다

2018년 4월 명지산 계곡에서
김은호

차례

제2부

제3부

제1부

서시(序詩)

날씨가 오래된 냉장고 속 맨 위 칸 같다

둘째 칸에는 달걀이 두 알 남았다

파란 카펫에서
구멍 난 런닝구 입은 구름이 뛰논다

해진 겨울옷 입은 바람은
쥐똥나무 울타리에서 발을 구른다

암탉이 알을 품고 있다
눈 껌뻑거린다
알 속에서 개나리 꽃길 꿈틀거린다

봄이 아지랑이 지팡이 짚고
외할머니 발걸음으로 오고 있다

염소 울음 독해법

비쩍 마른 염소에게
겨울 햇볕 한 움큼 물려준다
눈 덮인 산봉우리 바라보라 말해준다

염소 눈에 눈 맞추면 나는 금세 저녁이 된다
그 내력 들여다보면 초저녁별 반짝인다

염소는 누구를 위하여 울까
아기 우는 소리 같은 너의 발성으로는
차디찬 바람의 손길을 멈출 수가 없다
노을이 잠시 여린 손을 얹었다 갈 뿐

염소 울음 한 사발
당신에게 건네고 싶은 저녁
함께 울다 함께 웃다 따듯해지고 싶은

당신은 더 멀리 가고
나는 염소 울음에 반주를 맞춰준다

어미 잃은 새끼처럼 서러워지는 노래

누가 저 소심한 울음을
밤하늘 염소자리에 고삐 매어 빛나게 할까

잣나무숲 목욕탕

우리 동네에는
잣나무 협동조합이 운영하는 목욕탕이 있다
잣나무들이 떠받치고 있는
푸른 정결 한 채

날마다 굴뚝에서 숲 향기 솟아오르고
창틈에선 모락모락 새소리 피어난다
입구에는 '연중무휴' 입간판이 놓여 있다

요즈음 불경기라서 너구리, 오소리, 고라니, 멧돼지 같은 단골손님들 발길이 뜸하다
단체 할인받는 박새들만 부지런히 드나든다
신혼여행 온 백로 부부의 사랑을 찜질방이 달궈주기도 한다

예금통장, 컴퓨터, 텔레비전 같은 것에 대한 집착은 벗어
보관소에 맡겨야 한다

피톤치드 욕조에 찰랑거리는 고요
나무들이 서로 등 밀어주는 소리

아, 입 벌리면
샤워기에서 박하사탕 같은 햇빛

때 묻은 시간의 등 닦아주는 손 빽빽한,

영혼 저 밑바닥까지 개운해지는 목욕탕
푸른 날갯짓하며 날아가는 목욕탕이 있다

상추

그 여자, 상추포기 같다
아담한 적상추가 어울리겠다

너무 퍼지지도 퍼렇지도 않고 적당히 허연 구석,
주름지고 불그레한 사연도 있다

겹겹의 상추로 싼 고기 한 점
나팔꽃 같은 입에 밀어 넣는다

좌우로 신나는 드리블
볼때기가 축구공만 하게 튀어나온다
상추로 만든 공이 골망을 뒤흔든다
입 안 가득 햇살과 시냇물의 환호성

상추 꽃대에서 늦봄이 살랑거린다
나이보다 십 년은 젊어 보이는,
연약한 것 같으면서도 상큼한
상추의 미덕을 지닌 여자

영혼의 텃밭에도 싱싱한 상추를 가꿔 먹을 게 분명한 여자

상추에 지고 작전타임도 다 쓴 내가
연거푸 두 골 먹은 골키퍼처럼 바라보는, 여자

상추쌈 싸서, 느닷없이 내 입에 넣어주는
또 한 골 넣는 여자

겨울 감옥

햇살의 날개가 꺾였다 새들이 오지 않는다

고드름 창살 밖, 폐비닐의 검은 수의가 헐벗은 나뭇가지에서 펄럭인다

무슨 죄를 지었는지 억울하다
얼어붙은 폭포의 완강함 안쪽은 혹독한 그리움,
나는, 열꽃이다

찌그러진 달이 지나가고 비명 지르며 별들은 떨어지고
폭설이 허우적거리며 헤엄쳐 갔다

안락사 시키지 못한 별들의 빨판,
유리창에 붙이고 눈 감는다
꿈속에서 얼음새꽃*
노랗게 눈뜬다

몇 계절 밖, 키 큰 자두나무에서 사는 그대여

면회 한번 와주시오
식어가는 내 혈맥의 길을 뚫고
자두의 붉은 심장을 들고

음악과 적막이 엉겨 붙은 얼음 담요 속,
나의 투명한 감옥으로

---

*얼음새꽃: 복수초꽃.

구름공동묘지

새가 사라졌다
유리창 속으로 끝없이 사라지는 새
나는 그것을 새가 깨졌다고 읽는다

오그라든 발이 제 마지막 울음을 움켜쥐고 있다
뭐라고, 뭐라고 중얼거리며
허공에서 보낸 한철을 뱉어내는

새를 손에 들고 구름을 바라본다
이해할 수 없는 문장들이 파닥거린다

물음표를 물고 사라지는
모든 눈 깜짝할 새를 위하여
구름에 새를 묻어준다
노을의 피가 소복에 배어 나온다

구름에는 날개 없이 날아간 사람들의
발자국이 하얗게 덮여 있다

시간을 오래 만지작거리면 구름이 된다
구름이 되지 않고는 건너갈 수 없는 슬픔이 있다

깨어지지 않으려고 부르는 노래,

직박구리 같은 새의 울음에서는
못으로 유리 긁는 소리가 난다

제라늄

제라늄 꽃이 피었습니다

어머니는 꽃밭이었습니다
온몸의 뼈가 흔들렸어도 꽃에 기대어
낡고 좁은 서울을 견디셨습니다

이 빠진 보도블록과 백화점 화장실 바닥이,
버스 운전기사의 난폭운전이 어머니를 넘어뜨렸지만
제라늄 꽃은 친절하고 상냥했습니다
베란다의 햇볕을 잘 지켰습니다

6·25 피난길도 어쩌지 못했던,
남편과 자식들의 바닥에도
미끄러져 본 적이 없는 어머니는
꽃피우기를 멈추지 않는 빨간 제라늄이었습니다

—이렇게 꺾어 심고 물만 주면 꽃이 핀단다

어머니가 주신 제라늄 가지를 화분에 심었습니다
부러진 어머니 뼈도 함께 심었습니다
슬쩍 잎을 스치기만 해도 파스 냄새가 났습니다

꽃과 통증을 오래 오가시던 어머니,
지금 화분에서 수줍게 웃고 계십니다

동행

사랑이 한평생을 끌고 온다

푸른 숲의 숨결로
속삭이는 달빛으로
멧새 떼처럼 조잘거리다가
햇살의 물장구로 깔깔대기도 하며
때로는 먹구름 속 울부짖음으로

내게로 와서
빈틈없이 나를 채워준다

눈멀고 귀먹은 나를
끊임없이 닦아주는 손
저 한결같은 탄주(彈奏)의 자세

저렇게 두드려서 음악인가
저렇게 닦아야 에메랄드빛인가

돌의 노래와 물의 반주가
명지산 단풍 속에서
붉게 어우러지고 있다

아내의 손을 잡는다

아내에게서 흘러나오는 맑은 물이

내 노래의 날개다

배가 산으로 간다

키 큰 낙엽송들 배를 끌고
산으로 가고 있다

삐걱,
삐걱,
바람에 흔들리는 낙엽송
노 젓는 소리

고요의 돛 펄럭이며
파란 하늘 노 저어간다
겨울 산 시린 등허리 덮어줄
황금빛 양탄자 싣고 간다

어디어 어기야 어디여차

산모퉁이 돌아가며
숲과 바람이 주고받는 노래
귀 쫑긋 세우고 산짐승이 듣는 음악

포구의 불빛 같은 낮달도
노래에 장단 맞춰 몸을 흔든다

명지산*이 한 뼘 더 높은 곳으로 간다

* 명지산: 경기도 가평군 북면에 있는 해발 1,267m의 산.

토끼가 다녀갔다

꽃들이 텃밭을 달구고 있다

토끼가 딸기꽃을 만나면
봄은 공기놀이하는 흰 꽃들의 동화를 쓰지

아기 구름 두 마리
쓰다듬는 내 손이 꽃처럼 착해졌다

딸기맛 나는 구름의 시간,
구름의 빨간 단추는 너무 헐거웠다

비실비실하는 토끼 한 마리
정로환 물에 타 새끼손가락 물렸지만
아기 울음소리로 날아가 버렸다

계절은 모두 토끼처럼 꼬리가 짧았다

씀바귀와 나의 손길을 좋아하던 토실이도

강아지에게 쫓겨 달나라로 가버렸다

돌아와……

앞발 들고 빌었지만
절구통 뒤에서 귀만 쫑긋거렸다

어떤 이별 앞에서도 나는 아이가 되지
슬픈 동화를 읽은 눈이 빨간 아이

엄마 화장 거울 같은 달에서
계수나무 노란 잎이 뚝, 떨어졌다

멈출 수 없는 노래

나무는 65도 각도로 기울어져 있다. 기울기의 반대편 가지에 균형추처럼 새들을 달고 있다.

나무의 연둣빛 시선이 지난겨울 눈 내리던 비탈길을 향한다. 길 밖으로 치닫던 트럭을 온힘으로 막아낸 자리에 나이테가 더 큰 사랑을 궁리하고 있다.

한기와 온기가 교차하는 흉터에서 새순이 걸어 나오겠다고 칭얼거린다.

가지에 걸린 바람을 털어내고 새소리와 구름의 무게를 저울로 재기도하며 잃어버린 직립을 더듬고 있는 가로수 한 그루.

속도만 좇는 차들에게는 높은 곳에서 내려온 느림의 지혜를 흔들어 보인다.

꾸부정한 자세로 봄날 한때를 밀며 아무도 읽지 않는 비탈길을 오르는 나무.

겨드랑이에서 새순이 옹알거리고 독립군가 같은 힘찬 박자가 가슴에서 솟구치기도 한다.

아버지의 가문 대대로 이어온 애창곡 같은, 세상에서 가장 느리고 긴 노래 한 곡조

개미시인, K

그가 잘할 수 있는 일은 버스를 오래 기다리는 일
오지 않는 버스를 애인의 애정표현으로 생각하지

버스를 기다리며 길 건너 아파트 불빛과 사귄다
55분간 다정해지면 너는 절벽의 둥지에서 날아와
내 입에 노래를 넣어줄 수도 있겠지

자정 부근에서 시의 노를 젓는다
허우적거리는 낙서들을 건져 올린다

오지 않는 버스에는 무시무시한 사랑이 타고 있을 것 같다
어린 왕자의 별에 구멍을 뚫는 바오바브나무 같은,

모나미 153 볼펜 닮은 가로등이 달의 굴곡을 필사하고 있다
외발로 걸어가야 하는 문장의 길이 먹먹하다

K의 그림자가 길 밖으로 흘러내린다
걸어갈 수 없는 길을 걸어가는 것을 개미라고 부른다지,

개미

버스는 어느 먼 나라 흙먼지 길을
덜컹거리며 달려오고 있는지
아프리카 눈사람 같은 너를 태우고

K의 검은 바지 주머니에는
짤랑거리는 별 조각들,
개미처럼 꿈틀거리는 시 몇 구절

투명인간

지퍼를 세게 올린다 삐져나온 감정이 목젖을 물어뜯는다
점퍼 속에 오리 울음이 가득하다

점퍼 하나 제대로 못 만드는 싸구려 방식을 향해 삼거리 편의점 불빛이 컹컹 짖는다 찌그러진 냄비 속에서 오리의 꿈이 식어간다

내가 기르던 오리들이 모두 객사했다 비가 오면 공룡은 우산을 삼켜버린다 툭 하면 뒤통수치는 세상, 뛰어봐야 한통속 애인이 먹여주는 밥에서 공룡의 똥냄새가 난다

세수할 때 콧구멍을 찌르는 새끼손가락, 약속 같은 것은 하지 마! 허기로 쌓아 올린 벽이 쩍, 입 벌리면 죽은 시계나 던져줘라

아스팔트 위에 오리들이 쏟아진다 물음표에 부딪혀 죽은 어머니를 업고 빙빙 돈다 넘어간 트럭 짐칸에서 붉은 달이 떠오른다

눈물은 어디서부터 단단한 뼈가 되는지 내 중심은 왜 이렇게 물컹물컹한지 평생 뒤뚱거렸으나 어제가 떨어지지 않는다

빌딩 높이로 쌓인 어둠의 네모난 입들이 꽥꽥거린다

낙타, 산으로 가다

명지산* 기슭에 낙타 떼가 나타났습니다
산 전체가 한 마리 커다란 낙타로 옷 갈아입었습니다
낙타 빛깔로 물든 낙엽송들, 그 빛깔과 냄새, 부드러움이
촘촘히 잘 짜인 한 필의 카멜텍스입니다

낙엽송 고목을 쓸어안고 울던 가수 배호,
스물아홉에 죽음의 사막으로 간 그의 낙타 울음 같은 노래
가 요즘 들어 자주 들려옵니다
즐겨 쓰던 검은 안경도 없이 그는 모래알을 씹으며
지금도 바위 같은 사랑을 찾아 헤매고 있겠지요

바스러진 내 나이를 바라보면
터벅터벅 모래언덕을 오르고 있는 그가 보입니다
오래전 신기루에 부딪혀 죽은 내 뼈들이
가끔 발에 채기도 합니다

낙타 눈처럼 슬픔에도 높은 연비가 있다면
나는 시간을 등짐 지고 어느 별까지 갈 수 있을까요?

별빛 내린 사막 어느 오아시스에서 잠들 수 있을까요?

낙타 등에 실린 노래들이 바람에 흔들립니다

오늘은 나도 쌍봉낙타 타고 가는 가수입니다

---

* 명지산: 경기도 가평군 북면에 있는 해발 1,267m의 산.

산짐승 우는 소리 듣는 저녁

산길을 내려오다
산짐승 우는 소리를 들었습니다

누구의 울음소리인지 몰랐지만
그것은 노을에 가장 어울리는 음악
또 어쩌면, 말 못할 서러움을
오래 삭힌 노래일 것도 같았습니다

목구멍 깊은 곳에서 샘솟듯
허공을 토해내는 소리에 저물던 산이 휘청거리고
구름은 눈시울을 붉혔습니다

나는 눈물 애호가는 아니지만
그 어떤 울음도 꺾지 않으렵니다
출렁이는 어깨 위에 조각배 같은
손 하나 얹혀줄 수 있을 것 같습니다

울음소리 난 곳 돌아다보는 나를 숨어 바라볼지도 모르는 눈

그 샘물에 나를 씻고 싶었습니다

다시 그 소리 들렸습니다
내게 하소연하는 것 같기도
우는 법을 가르쳐주는 것 같기도 했습니다

산짐승 울음소리 뒤 저 바깥세상에는
누구의 손도 잡지 못하고
홀로 계절을 건너는 사람들이 있습니다

산 그림자 밟으며 봄날은 멀어져 가고
울음을 잘 배우고 싶은 저녁입니다

별에서 온,

고요가 어둠을 밀고 간다
눈 내리는 소리를 등에 업고 있다

고요의 발걸음 소리에
지난 계절 다녀간
너의 체온이 묻어 있다

굶주린 아프리카 아이처럼
내 잠 속에 머리를 디밀고
춥다, 배고프다 처음 보는 눈이 온다고 흐느낀다
울음의 뼈 하나 묻고 간다

꿈이 너를 쫓아가다 놓쳐버린다

어둠이 삼켰다 토해놓는 발자국들
하얀 국화빵 무늬를 따라가 본다

길 건너 잣나무숲까지 이어진,

발자국들이 오고간 곳

먼 곳의 울음이 뚝, 끊어진 곳

이곳이 네가 불시착한 지점이다

느티나무 이후

그 길은 오래도록 느티나무가 주인이었다

길 한가운데 살던 나무는
달리는 차의 핸들을 부드럽게 꺾어주는
둥근 조율이었다

새들을 태우고 느릿느릿 멀리 가는 풍경,
계절의 이동 경로를 아름답게 그려내는
붓이었다

어느 때부턴가 아스팔트의 매연과 굉음이 나무를 둘러쌌다
지난가을에는 인부들의 트럭이
그림 같은 풍경을 한순간에 베어 싣고 사라졌다

길은 사나워졌다
차들은 가속페달만 밟아댔다

성당 가는 새벽,

길이 주검을 꾸역꾸역 토해내고 있다

한 번만이라도 젖을 물리고 싶었다는 듯
배에서 터져 나온 새끼를 향해 고라니가 누워 있다
울음소리는 죽음에 덮여 있고,

느티나무가 있던 자리에 피 묻은 속도만 나뒹굴었다
뒤차의 경적이
멈칫거리는 시간의 뒤통수를 후려쳤다

제망매가(祭亡妹歌)

개를 쓰다듬는 할머니의 손이
갈퀴 같다

갈퀴에 엉킨 슬픔 한 움큼
핥으며 꼬리 흔드는 개

백구야
미안하다, 미안하다

개장수 손에 잡힌 끈이 팽팽해진다
울음의 눈금이 올라간다

복날 부근
허공에 앞발 내민 능소화가
빰이 붉어지도록 짖고 있다

제2부

검은 모자

필름이 끊긴 시네마 빠라디소*, 야유와 휘파람 소리가 날아든다 사랑이 끊길 때마다 머릿속이 하얘진다 머리 염색할 때마다 샴푸의 앞날이 걱정된다 희끗희끗한 미련이 물든다 검은 모자를 쓰고 사랑은 오지 않는다 모자 쓴 거품이 먼 길 떠난다

막다른 골목에는 입술만 남은 달이 살고 있다 변두리의 사랑과 첨탑에 올라가 고공시위 중인 네온 십자가는 연관성이 제법 있다 검은 비닐봉지 속 회오리바람에 영화와 음악이 휩쓸린다 연애감정이 팽팽해진다

너는 모든 색깔을 다 마셔버린 주정뱅이, 밑 빠진 독, 뚜껑 열린 고독, 독한 사랑을 찾아 헤매는 검붉은 체리 맛의 중독자 블랙홀과 사귀는 너를, 극단적인 생각이 담긴 알약을 어느 영화에선가 본 적이 있다

---

* 시네마 빠라디소(Cinema Paradiso): 시네마 천국. 이탈리아 영화 제목.

망각이라는 이름의 탱고

돌을 잡았다가 놓는다 던질 곳이 없다 던질 수 없는 돌의 뿌리가 깊다 그 깊이를 참을 길 없어 지구 반대편으로 뻗은 뿌리는 부에노스아이레스 항구의 불빛으로 흐른다

망각이라는 이름의 탱고가 번성하는 곳
탱고 속에 망각은 있다 없다
있다 없다

네 개의 팔과 네 개의 다리가 불꽃으로 피어난다 달아오르는 몸과 식어가는 시간이 서로 밀고 당긴다
망각은 시간이 가장 즐겨 추는 춤

기억의 바깥에서 오는 춤에는 아무리 흔들어도 떨치지 않는 슬픔이 있다

사라진 가방 속에는 깜빡 잊은 사랑이 가득
끝을 다 알고 있다는 듯 돌은 울음을 꾹 눌러놓은 표정을 지니고 있다

너는 어쩌자고 망각의 입으로 노래하나?

돌을 잡는다 던지면 다시 돌아오는, 망각이 잡을 수 없는 뜨거운 새 한 마리
내 심장에 둥지를 틀고 있다

음악에는 너라는 나비가

낯선 전화가 왔다
여보세요? 여보세요?

물수제비뜨듯 건너가는, 여보세요

수화기 속의 침묵이
내 손을 놓지 않았다

속눈썹처럼 떨리는 시간에서
음악이 흘러나왔다

저쪽으로,
밀항자처럼

시간의 울타리 너머 무교동 르네상스로
자작나무숲 푸른 의자가 있는 곳으로

피아노 건반을 달리는

라흐마니노프의 숨소리가 거칠어졌다

나비의 북방한계선에 가닿은 바람이
숲의 야윈 어깨를 흔들었다

저쪽에서,
나비 팔락거리는 소리

음악의 손끝에서
검고 붉은 무늬의 기억들이
마술처럼 날아올랐다

모과를 새라고 부를 때

나는 아프다
아프다고 말해서는 안 된다
그것이 당신이 나를 사랑하는 방식

모든 것은 울퉁불퉁 속에 갇혀 있다

당신은 나를 폭풍우로 반죽한다
하늘의 지번(地番)과 새의 항로를 입혀
모과나무의 침묵에 걸어놓는다

부풀어 오르는 새의 무수한 깃털들

생각이 많은 고요를 순항 중이다
당신이 더해주는 허공의 깊이를 측량하며
나는 아프다

내가 노란 잠수함처럼 아플 때
새는 당신의 방향으로 날아간다

내가 아는 어느 유적지,

이슬의 도시*에서 노란색을 물고 온다

---

* 이사말(Izamal): 멕시코 메리다와 치첸이사의 중간에 있는 작은 마을. 마야어로 '하늘에서 내린 이슬'이라는 뜻을 가진 황금빛 도시.

빈민가 11번지

나는 이곳에 삽니다
너는 우리가 되지 않기로 했습니다

꽃들은 진짜 같습니다
골목길로 만들어진 새장은 자유의 여신인 척합니다

나는 시를 쓸 줄 모릅니다 그러므로
기진맥진을 긁어모아 태우겠습니다
굵고 가는 욕망의 가지도 꺾어 얹겠습니다

타고 남은 잿더미를 뒤집으며
남은 건 구부러진 못뿐이라고 떼쓰지 않겠습니다

이 동네의 어법은 좌우로 흔들리는 상처
슬픔이 땟국물로 흐르는 창문입니다

한때 나는 양철지붕의 빗소리를 연민했습니다
노래를 꺼내려고 벽에 입술을 갖다 대기도 했습니다

돌멩이는 언제 모래를 토해내겠습니까?
입 없는 것들은 꽃을 피울 수 있겠습니까?

사막과 사랑 사이에 걸려 있는 메마른 혀
이 세상을 내가 마셔야 할 구원의 잔이라고 생각하면
머리에서 양철지붕 빗소리가 납니다

침묵이 느린 자살처럼 늘어선
빈민가의 고양이를 시인이라고 부르겠습니다
나의 남루를 세상에 전송합니다

고독은 성인(聖人)이 되고 싶었다

나는 골방의 탁상시계, 시계 속에 고래가 살았다

결심이 가득한 어두컴컴한 방,
시계 속에 갇힌 고독은 바다로 가고 싶었다

톱니 빠진 파도를 골라내며 비약을 꿈꾸는 시간,
가로등 불빛 뿜으며 내 밤들은 연탄공장 쪽으로 사라져갔다
검고 긴 머리카락 같은 노래들을 내 몸에 남겨놓고

째깍거리는 새들
쌓아올린 책과 음악의 바다를 날아다니는,
내 입술에 앉는 새들은 날개가 촉촉했다

젖은 악보를 붙들고 오래 노래할 수는 없지
사랑이라는 말을 창처럼 쓰는 사람들은
내 불안한 음정을 찌르고 사라졌지
고래 몸에서 쏟아지는 붉은 꽃송이들

바다로 가지 못한 시간에 귀를 기울인다
나는 고래가 될 거예요
복잡하고 어려운 육지를 떠나 바다로 갈 거예요
수평선 저 너머에서 죽지 않는 애인을 꺼내 올 거예요

고독은 내 입에 노래를 넣어주었다
푸른 심장에서 뿜어 나오는 노래

고래 심줄처럼 질긴 파도 소리였다

피동형의 밤

원격조정자 7이 퇴장한다 내가 넘기는 도시의 화면은 씁쓸하다 자동차의 경적이 빵빵하게 화면에 어둠을 채워 넣는다

금붕어는 꼬리 흔든다 노이로제를 멈추려고, 붉어지는 생각, 어항은 깨질 준비가 되어 있다

머리로 시를 쓰는 일은 새를 찢어서 울음을 꺼내는 일, 이 도시의 연대기에는 너무 많은 시인이 울음 유전자를 분석하다 새와 고양이를 멸종시켰다고 쓰여 있다

식탁 밑으로 동전이 굴러간다 동전은 지갑이라는 형식에서 벗어나 있다 노숙의 감정을 담기에 동전은 유용하다 동전처럼 작아지지 않으려면 네온 십자가와 함께 붉은 꽃의 칵테일을 몇 잔 걸쳐야 한다고 생각한다

당신이 밤에서 꺼내는 것은 꽃인가 칼인가 당신이 꺾으려고 혹은 꺾지 않으려고 바라본 꽃잎들은 회전 톱날 같다 꽃

과 칼은 '베인다'는 피동사와 공범의 관계

고층빌딩의 불빛을 스펙처럼 걸치고 밤은 제 외모에 취해 있다 덩치 큰 그림자는 가끔 주인을 삼켜버린다 춤과 노래를 뒤집어쓴 어항, 퇴폐적이고 화려한 화면 속에 원격조정자 7이 심어놓은 파일이 있다 아무리 클릭해도 비상구가 열리지 않는다

어디서부터 어디까지가 어둠일까? 밤이 빌딩 사이에 끼어놓은 어둠은 끝없이 소비되는 유성물감이다 죽은 별의 눈물과 누군가 당첨된 복권이 흘러내리기 좋은 장소라고도 생각한다

피동형의 밤, 이상하게 적응되는, 자본과 파도와 세면대의 강박증처럼

잠의 행방을 추궁한다

잠을 타고 멀리 가야 한다

강박증 냄새나는 이 문장을 어느 낯선 여인숙 때 묻은 베개 밑에 묻고 와야 하나?
밤과 꿈 사이에 차마고도, 음악이 덜컹거리는,

깨진 백미러 속으로 허겁지겁 험한 풍경이 달려온다

잠들지 않는 호수가 물고기와 빵을 기다린다
목이 긴 꽃병이 잠에게 바치는 꽃의 이름은 로즈메리

지난밤은 슈퍼맨처럼 비행기 날개 위에 서서 날다가 꿈 밖으로 추락했다 회수된 블랙박스는 쉽게 해독되었다 전립선 비대증을 혐오하는 아프가니스탄 산악 반군들의 스팅어 미사일이 나의 심장을 겨누었다

고통은 누군가 너를 슬퍼하는 것이라고 바스락거리는 달, 무덤 속 파피루스처럼 잠의 그림자가 희미하다

“꿈이 비대해진 게 보이지요?” 의사는 부풀어 오른 내 보랏빛 꿈의 회로를 열어 보였다 잠은 불면기행(紀行) 파일에 저장되었다 애증의 화석들 박혀 꿈틀거리는 터널이 나를 불협화음으로 연주한다

잠을 수리하기 위해 전화를 건다 잠은 계속 통화 중,

듣지 못하는 귀를 주렁주렁 단 사람들의 도시를 여행한 적이 있다 어둠을 뚫고 날아든 새의 부리가 콕콕, 잠의 행방을 추궁한다

리마(LIMA)의 밤

리마에 어둠 내립니다 대성당 십자가에 저녁의 무게가 더해집니다 침몰하는 아르마스 광장*, 스페인풍의 거리가 소음과 분수대 물소리로 그대 이름 부르고 있습니다

어둠 쌓이면 그 속을 뒤져 누군가는 별빛의 누더기를 찾아내겠지요 침략과 정복의 역사를 가리고 서 있는 노란색 건물들, 땅만 핥던 입들은 야자수로 올라가 잎이 되었습니다

콘도르 알 속 같은 어둠이 와도 리마는 애써 태연한 빵입니다 빵은 뚜껑 열린 집들의 영혼, 불빛이 께냐** 피리 소리처럼 산비탈에 흘러내립니다

연인들의 포옹에 공원이 부풀어 오릅니다 허기를 가르며 달이 지나갑니다 잉카의 멱을 따던 저 칼은 어느 먼 나라 대장간에서 만들어진 배경일까요? 잃어버린 황금의 미로 속으로 네온 불빛들이 날아듭니다

나는 인디오처럼 낮아지고 잉카처럼 희미해져서 리마를 떠

돌고 있습니다 역사의 그림자 속으로 멀리 가고 있습니다

제 몸보다 커다란 슬픔의 지도를 아나콘다처럼 삼켜 낱낱이 읽어주는 밤의 리마

신이여, 그대 계신 곳은 평안합니까?
저 달의 눈물로는 씻을 수 없는 인간의 어둠을 내려다보고 계십니까?

---

*아르마스(armas) 광장: 무기의 광장이라는 뜻. 스페인 형식의 도시 구조 중앙에 있는 광장.
**께나(quena): 페루의 전통 악기, 피리.

아마도 다마스쿠스

내려오는 에스컬레이터를 거슬러 올라간다 치미는 감정을 밟으며 내려간다 저녁과 반대 방향의 전철을 탄다 나는 기어코 세상 한가운데로 가지 않을 것이다

밀려오는 계단의 파도들, 나는 모든 것을 받아먹는 입, 없는 절벽, 발목 적시는 노래들이 출렁거린다

아마도 나는 아픈 것 같다 그 섬에 가고 싶은 것 같다 너를 만나면 부서져 내리지 않을 것 같다 다마스쿠스는 섬이 아니다

시리아 남서쪽, 그곳에 가면 나도 사도 바울처럼 극적인 사랑을 할 수 있을까 피 묻은 손으로 기도할 수 있을까 시아파와 수니파 사이에 불타버린 모텔 이름일까, 정부군과 반군의 아이들이 날마다 죽어가는 다마스쿠스

사울에서 바울까지 말을 버리고 전철을 타고 간다 끝없이 반복되는 문장들, 시간을 차지하고 앉은 물음표들, 플라스틱

의 느낌표들, 스마트폰이 피라냐*처럼 침묵을 물고 간다

다리 꼬고 앉은 여자의 노란 머리에서 맥주 거품 부글거린
다 구두 끝에 매달린 뾰족한 세상, 눈에서 비늘이 떨어지지
않는다 눈이 먼 다마스쿠스

어제를 뒤집으려는 시간의 발길질에 쫓긴다 우글거리는
발걸음 소리들, 나는 너무 멀리 다마스쿠스를 지나온 것 같다
경춘선, 상봉역 부근이다

---

* 피라냐(piranha): 남미의 동부, 중부 하천에 사는 식인 물고기.

변두리의 감정

1.
저녁의 입구에 다리가 있다. 기울어진 가로등 불빛은 어둠의 근원에 골몰하고 있다. 이곳 언어의 대부분은 빛의 반대편에서 허우적거린다. 흐린 물의 감정에 못을 박는 불빛.

거리의 촛불과 깃발을 하나의 꽃다발로 묶으려는 마음을 우울이라고 해야 하나? 딱이라고 불러도 아무도 아프지 않다. 아무튼, 시는 우울의 틀니가 아니다.

2.
자본은 인간의 머리채를 잡아끌고 허기 속을 전전한다. 분리수거함 속에 영혼을 처넣는다. 눈먼 소비, 일회용 인생이 쓰레기로 채워질 때까지 전진, 멈출 수 없는 전진. 대낮에 켜진 반달처럼, 줄 빠진 기타처럼, 터널의 비명처럼 시간은 편안하지 않다. 나는 누가 걸어오는 싸움인가.

3
노을과 죽음 사이에 시를 곡해하는 구름이 걸려 있다. 다리에 멈춰선 시간이 길어지면 구름이 진부해진다. 명지산 쪽 하늘에서 노을 한 무리 75번 국도로 내려온다.

화악천에 성냥을 긋는다. 물고기들이 물 밖으로 튀어 오른다. 물고기들의 발롱! 작은 반짝임 속에서, 퐁, 퐁, 세상과는 동떨어진 소리로.

다리의 서론과 결론을 동시에 내려다보는 자에게 내 손을 맡긴다. 풍경이 물컹해진다. 퐁퐁, 은빛 저 절정의 연장을 꿈꾸는, 나는 노을의 발성법으로 노래하는 자, 언어의 빚더미에 올라앉은 자.

변두리의 언어가 저녁의 입구에서 튀어 오른다. 바닥을 뚫고, 퐁, 퐁

폭주족

얼음이 달려간다 두꺼운 얼음 재킷의 여행자들이 내 입술 위를 달려간다 오리털 패딩과 벙어리장갑, 털모자를 빼앗아 달아난다 시베리아 바람을 뒷좌석에 태우고, 굉음의 기나긴 행렬

고기압 한랭전선에서 태어난 저들의 언어는 냉소적, 즐겨 쓰는 화법은 얼음의 비유, 종족의 상징은 흰 모자다 눈의 폭죽을 터트리며 모든 것에게 흰 모자를 강요한다 얼음이 강을 건너와 메타세쿼이아 가로수의 뿌리를 더듬고 있다

최저기온 영하 24도 낮 최고기온 영하 10도 체감온도 100m 아래 절벽

몇 겹의 누더기를 걸친 노숙자들이 악몽을 깔고 지하바닥에 누워 있다 빙하기의 멸종을 맛본 적 있는 공룡들은 콘크리트를 걸치고 거대한 유리 온실에서 자본의 꽃을 즐기고 있다

얼음이 달린다 가속페달에서 발을 떼지 않고 중간 기착지도 없이 겨울을 횡단 중이다

성에꽃들이 유리창에서 매서운 소문에 대해 수군거리고 있다 지난 크리스마스 때 내린 눈에 올라탄 눈에서 폭주족의 아이가 태어난다

간주곡
—마스카니 '카발레리아 루스티카나'

문을 두드리면 네가 있다

필하모니, 소니 워크맨, 천일사 별표 전축처럼
멀리 떠나간 것들을 기다리며

음악이 추억을 만들고
추억이 음악을 경배하는 방

오래도록 간직하고 있는 너의 손길이
진통제처럼 스며든다

해변이 연주하는 파도 소리
새들은 수평선을 튕기며 노래한다

슬쩍 모습을 드러냈다 사라지는
얼굴들, 추억의 바지랑대가 받쳐 든
선율이 물빛으로 널려 있는 곳

계절이 바뀔 때마다 너는 비와 눈,
낙엽과 바다를 끌고 와 나를 덮어준다

마스카니를 두드린다

간주곡에 실려 나는 집으로 간다

슈나우저를 읽다

텃밭 가장자리를 열고 흰 무명천에 책을 싸서 묻는다
흙을 뿌려 덮으며 흰머리멧새 울음소리도 몇 송이 얹혀준다
오랫동안 읽었던 따듯한 이야기들이 땅속으로 스며든다

검고 부드러운 털로 덮인 표지에 반짝반짝
두 개의 별이 박힌 책
첫 장부터 끝까지 팔짝팔짝 뛰어다니며 기쁨 출렁거리던,
가끔 붉은 혀로 세상을 핥아주거나 컹컹 꾸짖을 줄도 아는
슈나우저*는 따뜻한 난로가 부록으로 묶인 책이었다

책장을 넘길 때마다 유쾌한 문장들 쏟아지면
우리 집 웃음소리 굴뚝처럼 높아졌다

책과 독자 사이를 오가던 사연들 잿빛으로 물든 계절
'우리 함께 고통을 이겨냈어요'
이별의 장을 앞발로 버티며 너덜거리던 책

어머니가 병으로 쓰러지셨다 통증이 죽음까지 내달았다

열심히 나를 뒤적거렸지만 슈나우저 한 권 찾아내지 못했다

일상에 꽂혀 멀뚱멀뚱, 어머니를 바라보기만 하던,

나는 슈나우저만도 못한 파본(破本)이었다

---

*슈나우저(schnauzer): 수염이라는 뜻으로 독일 원산의 반려견.

돈, 폐지

너는 돈을 아끼기 위해 태어났다
빈 주머니 속의 좌충우돌, 결핍을 여행하는 좀팽이

아직 찾아오지 않은 고통을 향해 고집 센 말 타고 간다
돈, 키호테(Don Quijote)처럼 손수레를 데리고 다닌다
사랑의 맛을 잊지 못한 틀니가 달그락달그락 말발굽 소리 낸다

너는 돈 벌려고 태어나지 않았다
모든 것이 돈으로 연결된 세상을 늙은 말에 얹고
폐지 속을 여행 중이다

폐지가 돈이 될 때까지 새벽길을 단칸방에 이어 붙인다

엎질러진 물이 무릎까지 차오르면
동전은 떼 지어 병원으로 헤엄쳐 간다

밥을 미끼로 고통을 잡는 방식으로

너는 시간을 빠져나가려고 한다

러브호텔 풍차는 썩은 바람으로 연명 중이다

폐지에서 삶까지가 너무 멀다

돈을 한 번도 사랑해본 적이 없는 사람이
십자가에 못 박혀 있다

검은 개를 위한 케니 지*

장마가 짖고 있다
민달팽이가 지나간다

개와 나 사이에
끈적끈적한 발자국 남기며

빗소리를 꺾을 음악이 필요하다

개의 표정에 가득한 먹구름
만날 핥고 깨물고 뒤엎는 저 밥그릇에
오늘은 누가 넘치도록 비애를 부어주나

털 빠진 어제가 달려온다
개 같은 세상에 올라타서 멀리 가고 싶었다
모든 것이 내 발밑에 엎드린 곳

눈 덮인 벌판에는 시베리안 허스키

새빨간 거짓말 꼬리로 흔들며
마구 물어뜯어야 할 것들뿐
너덜너덜, 등뼈가 드러날 때까지

개는 나를
나는 개를 밀고 당긴다

비의 무게를 덜어낼 음악이 필요하다
꿈쩍 않는 저 블랙에게 부어줄 맹독성 음악

젖은 개의 시간을 위해
케니 지를 불러줘,

---

*케니 지(Kenny G): 미국의 색소폰 연주가.

풍경 소리

어둠이 새벽을 탐색 중이다

잠에서 끌려 나온 나는,
춥다 친절하지 않다

어둠을 끄지 않고 적막(寂寞)에 몰두한다
가로등 하나 없는 겨울 산의 남루가
내 가슴에 서늘한 숨결을 불어넣는다

별,
어둠은 너의 배경이다*
어둠을 깊이 이해하는 것들은 반짝인다

차도르 두른 여인의 눈 같은 별,
나는 검은 건반으로만 연주하는 곡
어둠과 아무런 관계가 없는 시간의 전주곡은
어디서 시작될까

낯선 간이역 같은 새벽이
어둠의 낮은 옥타브를 더듬는다
검게 그을린 내 욕망을 밀어낸다

내 안에서 잠자고 있는 무소유를
처마 밑 풍경 소리가 흔들어 깨우고 있다

---

*권선옥의 시 「별」에서.

랩소디 인 그린

과일의 도착을 기다린다
오염에 대한 나무의 강박을 이해할 수 없다는 듯
초록은 초조한 표정

초록을 읽으면 수위가 높아지는 과일들
임신도 하지 않고 시를 낳는 꽃들은 하얗다
배나무는 부풀어 오르는 배를 잡고 웃는다
빨간 풍선을 미친 듯이 불어대는 사과나무

조금 더 미치면 초록은 바나나가 될 수도 있지
바나나가 멸종해 간다! 외치는 사람들
죽은 바나나를 들쳐 메고 여행을 갈 수도 있다

초록을 움켜쥔 손들이 흔들린다
초록은 수박의 풍만한 슬픔을 지녔다
농약을 바라보는 시간이 광시곡으로 흐른다

너무 많은 질문이 쌓이는 쟁반, 과일이 도착할 때까지

제3부

가장 오래 사랑하는 너를 어떤 이름으로 불러줄까

꽃들은 다 집으로 돌아갔다
너는 꽃대 기울지 않고 제자리에서 조금만 흔들린다

하늘 올려다보기도
빨간 패랭이꽃 내려다보기도 좋은
둥근 테라스가 있는 꽃

내가 찾아가야 할 그 집 같은,

날개 젖은 흰 나비 찾아오면
같은 마음이 되어 하얗게 미소 짓는 꽃,
나무쑥갓*

봄의 쳐진 어깨를 빗방울이 다독거리고 있다

떠나는 봄, 눈물 머금고 배웅하는 언덕에
곱게 나이 들어가는 사랑이 있다

---

*나무쑥갓: 마거릿(marguerite)꽃의 우리 이름, 꽃말은 진실한 사랑.

새소리 탬버린

내가 알지 못하는 사랑으로부터 저녁이 온다

내가 아는 나무는 새들을 유난히 좋아한다

시골 버스정류장 앞
느티나무에서 우는 새들

새 울음소리에 뺨을 비비는 것이
저녁을 맞는 나무의 인사법

잎사귀처럼 작은 새들
사랑 없이는 저녁도 없다고
찰랑거리는 울음의 조각들

나무가 흔드는 탬버린 소리에
멈춰 선 저녁이 깃털을 다듬고 있다

새들은 느티나무에서 빛난다

저물녘에 쓸쓸한 사람을 위해
당신이 틀어주는 새들의 로큰롤

마을버스도 발을 구르며
정류장에 들어서고 있다

장미, 장마 부근
—생상의 바이올린 협주곡 3번 2악장

장마가 찾아오겠다고 합니다
산골이라 변변히 내놓을 것이 없습니다

음악 몇 점,
푸른 접시 위에 올려놓겠습니다
덩굴장미 몇 송이도 돌담에 걸어놓습니다

낡은 레코드판에 바늘 도는 소리 같은
빗소리 들려옵니다
빗줄기의 현을 지긋이 긋는
먼 그대가 있습니다

안개 속에서 깜빡거리는 장미들,
그대에게 쏟아지던 마음이
빗속을 맨발로 걸어갑니다

나를 멈춰 세울 수 없는 저 빨간 점멸등은 꺾어
그리움을 잃은 이들에게 보내겠습니다

가시를 삼킨 향기가

장미의 1악장과 3악장 사이에 가득합니다

삼월의 눈

옛날이야기 끝난 세상은 찬밥 같다
할머니 무덤 속에서 꺼져가는 화롯불

옛날이야기 듣다 내려오는
눈꺼풀처럼 눈이 내린다

학교 가기 싫은 아이 발걸음처럼
눈이 내린다

겨울이 챙겨가지 못한 응달에
파스 붙이듯 눈이 쌓인다

삼월의 눈은 올해도 무사히
산수유 피는 마을에 도착했다

먼 곳의 꽃들은 왜 늘 하양이지?
좋은 질문 사라진 학교 운동장에
지각하는 눈이 들어선다

야금야금,
아스팔트길 갉아먹는 자동차들
등 구부린 고양이 걸음으로
사람들은 일터로, 병원으로 간다

흰 글씨로 흘려 쓴 엽서가
내 가슴 우체통에도 잘 도착했다고

3, 3, 3, 3……
옛날 전화기 다이얼 돌려
고향 집에 전화 한 통 걸고 싶은 날

무지하고 캄캄한 노래

나는 별을 모른다

몸살 약 먹기 위해
밥 먹는 저녁

별 약국에서 지어준 별 가루
환하게 내 몸속 은하수로 흐른다

별들도 늙고 아프고
눈물 흘리며 죽어가는가

번쩍! 어떤 유언이 흐른다

별의 침묵을 받아 적는 자세를
누가 캄캄하다고 할 수 있겠는가

별을 알기까지
나는 얼마나 더 쓸쓸하고 캄캄한 노래를 불러야 하는가

습작기

계곡은 밥솥처럼 뜨거웠다

물은 물답게 질문을 멈추지 않았고
바위는 바위답게 침묵으로 들끓었다

물속에 댓글을 달며
구름은 자주 얼굴을 붉혔다

진눈깨비와 마주앉아
눈사람의 생애에 관해 이야기했다

매화나무는 나를 필사하고
나는 매화나무를 필사했다

푸른 약속

약속 때문에 숲으로 갑니다
숲에는 진실을 보는 눈이 많기 때문이죠

아직 봄 한가운데로 가지 못한 나무를 껴안고
가지들이 흔들리는 모습을 바라봅니다
웃자란 내 생각들을 잘 다듬을 수 있겠습니다

바람의 수화를 따라 자작나무들은 오래전 숲으로 와서
수피(樹皮)에 곡진한 삶의 이야기를 쓰고 있습니다

둥굴레꽃 하얗게 무리 지어 무덤가에 피어날 때
새들도 다시 날개를 펼 수 있겠지요

물푸레나무 가지에 앉아 야구방망이처럼 단단해지면
눈물 같은 건 한 방에 날려 보낼 수 있을 것 같습니다
세상 밖으로의 장외 홈런, 나무들의 기립박수

산짐승의 부러진 다리가 숲의 마이크 같습니다

가냘픈 뼛속에 슬픈 노래들이 가득합니다
자기가 놓은 덫에 걸려 몸부림치는 사람을 찾아
나는 더 깊은 숲으로 갑니다

숲은 참 고요한 악기입니다
그 고요 밟을 때마다 바스락거리는 음악
내가 저물 때까지 오래 숲에 귀를 기울이겠습니다

나무라는 이름의 약속이 하늘을 높이 떠받치고 있습니다

오리가 사라졌다

오리는 다 어디로 갔는가

나는 오래 오리를 고민했다 오리나무 숲에 살던 내 오리들은 털보송이 뚱보들, 키 크고 늘씬한 오리나무와는 다른 취미로 살아간다

내 평생의 오리들을 불러 모아 오리나무 아래서 논다 오리 가문에 대해 많은 생각을 한다

오리나무! 하면 나무 밖으로 몰려나오는 오리들, 꼬리 흔들며 뒤뚱대는 것이 저들의 처세이고 매력이다

오리들이 들쑤시고 다니는 숲, 나뭇가지마다 오리 울음이 매달려 있다

맹렬한 식욕의 가문에서 태어나 오리(五里)마다 이정표로 서 있던 속성수와 나의 오리들은 소식 끊긴 이복형제처럼 멀리 떨어져 산다 오리와 나무 사이에서 뒤뚱뒤뚱, 이제는 내밀

오리발도 없는,

낙엽 지는 숲에서 오리 울음을 그리는 무명 화가가 있다

철야기도

하룻밤 노숙은 견딜 만한가?

진돗개 옆에 널브러진 보따리 하나
털 점퍼를 주고라도 놓지 않으려 했던
시간이 여기저기 상처로 남아 있다

슬쩍 건드려보는 사람을
올려다보는 깊은 숲의 눈빛
산에 기대어 사는 마음이라면
저 애절한 눈빛은 숲으로 돌려보내겠다

살기 위해 죽은 척 연기를 했다는 것은
너구리를 모르는 사람들의 무심한 상상
너는 손 모아 밤새 기도를 했던 것이다

개에게 다시 붙잡혀 온 불운의 연속도
생의 아픔을 보여주려는 극적인 설정이었을 것이다

어둠 번지는 명지산 골짜기

엄마 목소리 같은 바람 소리가
너를 애타게 부르고 있다

격발의 시간

강을 건널 때마다
발밑에서 노래가 덜컹거린다

귀가와 가출, 양방향의 소용돌이 속
강변도로가 차량 행렬로 꿈틀거리고 있다

풍경을 편식하는 고층건물들
자본주의가 별들을 겨냥한다

저녁 모퉁이를 돌고 있는 강물의
까닭 모를 슬픔을 읽는다
자주 일터에서 술집으로
일상에서 공허로 흐르는 이야기를
강은 말없이 받아주고 있다

퇴근도 휴일도 없는 강변도로
한숨을 옆구리에 끼고 가는 사람들의 기침 소리가
안개에 덮여 있다

북두칠성과 가까운 집이 어디냐고
내게 길을 물어온다

샛별의 눈물

엊저녁 붉은 서쪽을 출발해서
하늘 빙원을 달려온 심장이
팔딱, 팔딱 새벽을 두드린다

샛별이 동쪽 하늘에 켜둔
촛불의 심지가 타들어 간다

어둠에 터널을 파는 일
빛나는 길을 닦는 일
바통을 넘기려는 듯 별빛이
내게 손을 뻗어온다

내 눈물로 차오르는 별빛

눈물 속에는 기도하는 손이 있다
별과 꽃과 소금창고가 있다

새벽이 문을 활짝 열고 있다

안부

아무도 오지 않았다

꽃송이마다 안부를 묻는 향기가
소인처럼 찍혀 있다

빗방울이 꽃의 등을 밀고 있다
봄을 배웅하는 이정표 같은
키 큰 마거릿 꽃이
젖은 제 발목을 내려다본다

먼 곳에서 소리 없이 혼자
웃고 우는 꽃들에게
안부를 묻는다

조용한 세상

명자꽃 붉은 향기 튄다

잘 익은 수박처럼 쪼개지는 산골의 정적

고물 삽니다, 고철비철
고장 난 시계컴퓨터텔레비전냉장고
헌옷헌책 삽니다

불쑥 내민 칼 같은 기계음을 향해
목 빼는 개들의 하울링*
고물장수 트럭 씩씩거리며 비탈길 올라온다

고물 삽니다
쓰다 남은 사랑
반쪽만 반짝이는 사랑
교회 갈 때만 데려가는 사랑
장롱에 숨겨둔 연애편지
오래된 밥통 삽니다

메아리가 환청으로 들려온다

고요의 틈새에서 불끈,
명자꽃 핏빛으로 솟는다

검은 수박씨 뱉어내듯
확성기는 몹쓸 사랑의 이름들 불러대고
비탈길은 트럭 꽁무니 잡아끌어 내리고

---

*하울링(howling): 음향 용어. 여기서는 개가 울부짖는 소리를 뜻함.

저녁이 그냥이라고 한다

저녁이 온다
그냥이라는 바퀴를 달고

가계부와 마이너스 통장과 잘나가는 신용카드를 이은 삼각형 세 변의 길이를 불러주며 은총의 넓이를 구하라고, 땀 냄새 풍기는 저녁이,
그냥

메말라가는 숨결을 끌어당긴다 산들은 원근법에 잠겨 있다 긴 가뭄 끝에 매달린 잎사귀들의 기도,
라우다테 도미눔*

다행처럼 불행처럼 애인은 먼 곳에 있다
더는 뜨거워질 수 없는 너와 나 사이로 그냥, 이 쳐들어온다

그냥 그대로의 날것을 먹어치우는 입
누군가의 낡은 슬픔이 들어가서 쾅! 닫히는 관
라우다테 도미눔!

개밥바라기별이 서쪽 하늘에 성호를 긋고 있다

---

*라우다테 도미눔(laudate dominum): 라틴어로 '주를 찬양하라', 시편 117.

길의 협주곡
—막스 브루흐 스코틀랜드 환상곡 작품 46

구름은 챙 넓은 흰 모자를 쓰고 있다
햇살이 발 담고 있는 시냇물의 생각은
울긋불긋하다

개구리밥처럼 떠 있는 발자국들
도시의 얼굴은 보이지 않는다

되새김질하는 소의 등허리에서
바람이 얼룩의 무게를 덜어내고 있다

향기의 칵테일에 잠긴 사과밭
빰이 붉어지도록,
우는 풀벌레들을 위하여
코스모스들이 높이 잔을 흔든다

잎사귀를 다 내려놓은 고욤나무는
한바탕 웃음의 열매를 안고 있다

내가 가는 길 끝에 있는 파란
지붕, 하늘은 내 친구가 사는 집

어머니의 묵주기도 같은 길이
우리가 즐겨듣던 협주곡의 첫 악장을
노래하듯 느리게 연주하고 있다

젖은 구두 속의 귀가

막차는 별들을 싣고 온다
백둔리 계곡에 별빛 부려놓는다

종점 뒤에 비포장을 고집하며 구부러진 길
울퉁불퉁한 하루를 길어 올리는 오르막이 있다

어제 내린 비로 깊어진 가을
물구덩이에 빠진 구두가 울먹인다
'괜찮다, 괜찮다' 다독여주는 명지산

어둠 헤치며 나를 끌고 가는
젖은 구두 한 켤레

모퉁이 불빛이 다가와 구두끈 조여준다
내 목울대에 산짐승 울음소리 숨어든다

밤길이 써 내려간 쓸쓸함을
또박또박 읽고 가는 내 발걸음 소리

계곡물에 실려 저 아래 세상으로 간다

젖은 구두 속에서
구멍 난 양말처럼 노래하는 나

별빛으로 걸어가는 발은 뽀송뽀송하다

사소하게, 입춘

건빵이 개들 간식 주자고 한다
마트 구석에 천 원에 네 봉지 묶여 있던 보리건빵
산골에 오니 살맛나는가 보다

개들에게 목줄만 주지 말고
간식도 주자고 노래를 한다

매화나무 가지에 앉은
햇살과 참새들이 옥신각신 중이다
참새들 숫자에 밀려 풀 죽은 햇살이
네 시 밖으로 가고 있다

—봄이 연인산* 뒤에 와 있어.
—아니야, 읍내 성당 마당에 왔어. 지난 주일날 우리가 봤다니까.

—멍청이들아, 북한강에도 봄은 안 왔어
　건빵 먹게 조용히들 좀 해.

깨알 같은 봄을 물고
날아오르는 참새들 날갯짓에
매화나무 꽃눈 속눈썹이 바르르 떨린다

내 가슴에 매화꽃 봉오리 벙근다

---

* 연인산: 가평군 북면 백둔리와 하면 상판리의 경계를 이루는 산.

간빙기
—굿바이, 제시카*

분홍빛 세상으로 가는 길은
너무 복잡하고 어려웠다

굿바이……

그녀의 검고 긴 머리에서 글썽거리는 눈발들
울지 않으려고 부르는 노래의 악보처럼,

빙하기를 건너온 노래 한 곡이
겨울나무 속에서 봄을 기다리고 있다

---

* 제시카: '굿바이' 노래를 부른 여가수 이름.

해설

파도의 리듬과 저물녘의 해안가를 서성이는 언어들

조동범 시인

파블로 네루다의 『질문의 책』을 떠올린다. 서로 다른 세계가 연결되며 충돌하는 이미지를 통해 시적 감각을 보여주고자 했던 네루다의 시집을 떠올린다. 그것은 서로 다른 이미지의 간극을 통해 제시되는 시적 상징과 비유의 아름다움을 일깨우며 우리의 감각을 자극한다. 『질문의 책』은 낯선 시적 대상을 연결하려는 노력을 통해 시 본연의 낯설게 하기가 무엇인지를 끊임없이 말하려 한다. 시의 언어는 근본적으로 낯선 것이어야 하며, 하나의 시어가 지니고 있는 원관념과 보조관념은 멀수록 시적 언술로서의 가치를 지닌다. 그것은 서로 다른 시어의 결합일 경우에도 마찬가지이다. 하나의 시어와 또 다른 시어가 낯설게 구축될 때, 그 안에 구축되는 세계는 넓고 깊은 울림과 상징을 획득하게 된다.

김은호의 시집 『슈나우저를 읽다』는 시집의 도입부에 이처럼 낯설게 전개되는 시를 배치함으로써 시와 시어가 지니는 본연의 의미와 책무를 떠올리게 한다. 물론 이 시집 전반을 지배하는 것은 언어의 낯선 간극보다는 음악성에 대한 것이다. 하지만 시집 처음에 낯선 세계로 이어지는 시를 연속하여 배치함으로써 낯선 언어와 시의 본질에 대한 시인의 의지를 느끼게 한다. 하나의 언어에서 시작하여 전혀 다른 세계로 진입하는 언어는 얼마나 낯선 아름다움인가? 이러한 시어의 배치는 마치 시의 본질에 다가서고자 하는 시인의 시적 의지를 보는 듯하다. 시집을 여는 첫 번째 시의 제목이 '서시(序詩)'인 것은 그런 점에서 매우 의미 있는 것이라 할 수 있다. 「서시(序詩)」는 시집의 제일 앞에서 낯선 세계로 전이되는 언어의 놀라운 감각을 제시하며 시와 시어에 대한 시인의 의지를 보여준다. 특히 이와 같은 시적 의지를 '서시(序詩)'라는 제목으로 시집의 도입부에 배치했다는 점은 의미심장한 것이 아닐 수 없다.

파란 카펫에서
구멍 난 런닝구 입은 구름이 뛰논다

해진 겨울옷 입은 바람은
쥐똥나무 울타리에서 발을 구른다

암탉이 알을 품고 있다
눈 껌뻑거린다
알 속에서 개나리 꽃길 꿈틀거린다

—「서시」 부분

시인의 상상력과 감각은 우리가 기존에 지니고 있던 상징 체계를 끊임없이 배반한다. 시인은 의식적으로 시어의 간극을 벌리고 그 안에 텅 빈 여백의 공간을 마련한다. 그러나 이때의 여백은 동양적 여백이 주는 미학과는 상당히 다른 것이다. 동양적 여백이 비어 있는 곳을 통해 서로 다른 지점을 연결하는 것이라면, 김은호의 여백은 양극단 사이의 빈 공간을 완전히 지워버림으로써 두 개의 지점을 낯설게 연결하려는 시도이다. 그런 점에서 김은호의 여백은 동양적 여백이라기보다는 서양적 여백의 특성이 더 강하게 나타난다. 그리고 이러한 서양적 여백은 '낯설게 하기'라는 시적 본질에 보다 더 가까운 것이기도 하다. 「서시(序詩)」를 통해 전달하는 이러한 의지는 시와 시어를 대하는 시인의 의지이기도 하다. "파란 카펫"은 "구멍 난 런닝구 입은 구름"으로 전이되고, "해진 겨울옷 입은 바람"은 "쥐똥나무 울타리"와 연결되며, "암탉"은 "개나리 꽃길"로 이어지며 낯선 지점들 사이의 간극을 마련한다.

새가 사라졌다
유리창 속으로 끝없이 사라지는 새
나는 그것을 새가 깨졌다고 읽는다

오그라든 발이 제 마지막 울음을 움켜쥐고 있다
뭐라고, 뭐라고 중얼거리며
허공에서 보낸 한철을 뱉어내는

새를 손에 들고 구름을 바라본다
이해 할 수 없는 문장들이 파닥거린다

물음표를 물고 사라지는
모든 눈 깜짝할 새를 위하여
구름에 새를 묻어준다
노을의 피가 소복에 배어 나온다

구름에는 날개 없이 날아간 사람들의
발자국이 하얗게 덮여 있다
시간을 오래 만지작거리면 구름이 된다
구름이 되지 않고는 건너갈 수 없는 슬픔이 있다

깨어지지 않으려고 부르는 노래

직박구리 같은 새의 울음에서는

못으로 유리 긁는 소리가 난다

—「구름공동묘지」 전문

"이해할 수 없는 문장들이 파닥거"리는 언어들의 낯선 파동. 시인은 시어의 간극을 통해 이처럼 이해할 수 없음의 세계를 말하려고 한다. "유리창 속으로 끝없이 사라지는 새"는 하늘을 나는 새가 아니라 깨짐으로써 존재하는 대상으로서의 새이다. 그리고 '구름에 묻힌 새'는 연이어 "노을의 피가 소복에 배어" 나오는 이미지와 중첩되기도 하고, "새의 울음"은 "못으로 유리 긁는 소리"를 내는 특별한 청각을 동반하기도 한다. 또한 이와 같은 낯선 이미지는 시인의 낯선 인식을 기반으로 하는 것이기도 하다. 일반적으로 새가 지향하는 곳은 새가 날아갈 수 있는 그 어떤 지점을 의미하는 경우가 많다. 하지만 시인이 제시한 공간은 일반적으로 새가 날아가는 곳이 아니라 새가 묻히는 곳이라는 점에서 개성적인 시적 인식을 보여주기도 한다.

그런데 김은호의 시는 낯선 세계의 간극을 파편화시키기만 하여 보여주지 않는다는 점에서 또 다른 개성을 선보인다. 그의 시는 낯선 국면을 제시하면서도 음악성을 통해 그것을 관통하는 어울림의 리듬을 만들고자 한다. 그리고 이러한 리듬은 김은호의 시에 고유한 감각을 덧씌움으로써 시적 감수성의 극한을 펼쳐 보이기도 한다. 그렇기 때문에 『슈나우저를 읽다』를 읽는 내내 우리는 고요한 리듬의 파동을 느끼며 시적 정서가 전달하는 고요한 울림을 출렁이게 된다.

김은호의 시는 파도가 밀려왔다 물러가는 것과 같은 출렁임으로 가득하다. 끝도 없는 출렁거림 속에 그의 언어는 여러 층위의 파장을 만들고, 그러한 파장을 엮어 자신만의 개성적인 리듬을 만들어낸다. 시가 원래 음악과 언어의 합이었던 때를 반추하기라도 하듯, 그의 시는 음악을 시집 전반에 배치하여 하나의 리듬을 우리에게 들려주려고 한다. 오늘날 시와 노래는 결별했지만 음악성은 여전히 시의 중요한 요소이다. 그런 점에서 시인이 음악을 중요하게 다루는 것은 자연스러운 일이다. 하나의 리듬이 오고 갈 때, 그러한 리듬이 어울려 하나의 파동을 만들어낼 때, 시는 스스로 움직이는 유기체가 되어 고유한 발성을 가진 주체가 된다. 결국 시에서의 음악성은 시를 살아있게 하는 원동력이자 시적 근원이 된다.

> 밀려오는 계단의 파도들, 나는 모든 것을 받아먹는 입,
> 없는 절벽, 발목 적시는 노래들이 출렁거린다

> 아마도 나는 아픈 것 같다 그 섬에 가고 싶은 것 같다
> 너를 만나면 부서져 내리지 않을 것 같다 다마스쿠스는
> 섬이 아니다

> 시리아 남서쪽, 그곳에 가면 나도 사도 바울처럼 극적인 사랑을 할 수 있을까 피 묻은 손으로 기도할 수 있을까 시아파와 수니파 사이에 불타버린 모텔 이름일까, 정부군과 반군의 아이들이 날마다 죽어가는 다마스쿠스
>
> —「아마도 다마스쿠스」 부분

계단이 파도처럼 밀려오고 있다. 그리고 시인은 발목을 적시는 노래들의 출렁거림을 응시하고 있다. 시인의 언어는 이처럼 음악을 통해 시적 세계를 우리 앞에 펼쳐 보인다. 시인이 바라보고 있는 계단과 절벽과 발목은 끝도 없이 출렁거리는 파도처럼 하나의 리듬감으로 우리 앞에 자신의 모습을 드러낸다. 그리하여 그 모든 사물은 음악의 언어를 전면에 내세우며 화음처럼 우리의 귀에 당도하게 된다. 그리고 그러한 화음은 시의 모든 장면에 빼어난 음악성을 부여하며 리듬을 만들어낸다. 섬인 듯 섬이 아닌, 다마스쿠스에서 하는 사랑은 음악을 통해 아름다운 비극이 되어 모습을 드러낸다. 그것은 분명 비극이지만 리듬과 결합하여 죽음마저도 처연한 아름다움으로 만들어버린다. "피 묻은 손으로 기도"하는 것과, "시아파와 수니파 사이에 불타버린 모텔"과, "정부군과 반군의 아이들이 날마다 죽어가는" 날의 비극조차 아름답게 느껴지는 슬픔의 크기는 얼마나 커다란 것이던가? 시인이 시집 전반에 걸쳐 보여주는 음악성은 그런 면에서 시인이 끌어

안고 있는 정서 그 자체라고 할 수 있을 것이다.

> 문을 두드리면 네가 있다
>
> 필하모니, 소니 워크맨, 천일사 별표 전축처럼
> 멀리 떠나간 것들을 기다리며
>
> 음악이 추억을 만들고
> 추억이 음악을 경배하는 방
>
> 오래도록 간직하고 있는 너의 손길이
> 진통제처럼 스며든다
>
> —「간주곡」 부분

『슈나우저를 읽다』의 리듬은 추억을 떠올리게 하는 아련함이자 희미하게 잊히는 아픔이다. 「간주곡」의 리듬 역시 "멀리 떠나간 것들을 기다리"는 감수성과 연결되어 있으며, "오래도록 간직하고 있는 너의 손길"이 "진통제처럼 스며"드는 아픔의 감정이다. 그러나 이 모든 떠나감과 아픔 속에서도 시인은 "문을 두드리면 네가 있"음을 의심하지 않는다. 「간주곡」은 김은호의 시 전반이 그렇듯 고요한 감수성이 매력적으로 다가오는 시이다. 그리고 이러한 감수성은 음악성과 함께 시를 이끌며 애틋하면서도 간절한 시인의 마음을 보여주고자 한다. 그리하여 이러한 시인의 마음은 비애와 좌절의 감각이 되어 우리의 마음을 흔들어놓기도 한다.

빗소리를 꺾을 음악이 필요하다

개의 표정에 가득한 먹구름
만날 핥고 깨물고 뒤엎는 저 밥그릇에
오늘은 누가 넘치도록 비애를 부어주나

털 빠진 어제가 달려온다
개 같은 세상에 올라타서 멀리 가고 싶었다
모든 것이 내 발밑에 엎드린 곳

—「검은 개를 위한 케니 지」 부분

「검은 개를 위한 케니 지」에서의 음악성은 아름다움을 전제로 하지 않는다. 음악과 리듬은 애틋하고 간절한 정서로부터 어느새 비애와 좌절의 세계로 전환된다. 하지만 이때에도 비애와 좌절은 적막을 통해 전달하는 고요의 리듬이다. 따라서 여기에서의 적막은 아무런 소리도 들리지 않는 것을 의미하지 않는다. 이때의 적막은 고요하게 가라앉은 리듬의 파동을 내재한 것이다. 김은호의 시는 눈으로 보는 것보다 소리 내어 읽을 때 그 가치가 빛을 발한다. 그만큼 그의 시는 리듬이라는 음악성이 강하게 작동하는 언술 양상과 시적 감수성을 가지고 있다. 하나의 문장과 문장을 연이어 읽을 때, 그의 시어가 전달하는 출렁임은 기분 좋은 감각이 되어 우리의 혀와 귀를 휘감고 놓아주지 않는다.「새소리 탬버린」에 등장하는 사랑과 울음과 저물녘의 감수성 역시 이러한 리듬과 결합하여 인상적인 음악성을 만들어낸다.

내가 알지 못하는 사랑으로부터 저녁이 온다

내가 아는 나무는 새들을 유난히 좋아한다

시골 버스정류장 앞
느티나무에서 우는 새들

새 울음소리에 뺨을 비비는 것이
저녁을 맞는 나무의 인사법

잎사귀처럼 작은 새들
사랑 없이는 저녁도 없다고
찰랑거리는 울음의 조각들

나무가 흔드는 탬버린 소리에
멈춰 선 저녁이 깃털을 다듬고 있다

새들은 느티나무에서 빛난다
저물녘에 쓸쓸한 사람을 위해
당신이 틀어주는 새들의 로큰롤

마을버스도 발을 구르며
정류장에 들어서고 있다

—「새소리 탬버린」 전문

「새소리 탬버린」을 소리 내어 읽어본다. 그러자 그것은 마치 저물녘의 해안가를 향해 몰려오는 평화로운 파도와도 같은 리듬이 되어 출렁이기 시작한다. 이처럼 아름답고 감미로운 서정이 있을까? 그러나 김은호의 서정성은 정서의 과잉 상태를 지향하지 않음으로써 절제된 감각과 언어를 재현할 수 있게 된다. 우리는 그저 그의 언어를 천천히 따라 읊조리기만 하면 된다. 그것은 마치 "새 울음소리에 빰을 비비는 것"처럼 실제로 잡을 수 있는 리듬이 되어 우리 앞에 다가온다. 시인에게 음악성은 잡을 수 없는 무형의 것이 아니라 이처럼 실재화된 세계이다. 음악성에 대한 이러한 인식은 시인이 리듬을 어떻게 대하는지를 알게 해주는 부분이기도 하다. 또한 그에게 음악성은 시의 일부가 아니라 시를 구축하는 중요한 재료이다. 시인은 음악을 통해 구축된 언어를 통해 특별한 리듬을 만들어내고, 이러한 리듬을 통해 언어와 하나의 몸을 이룬 음악을 완성하고자 한다. 그것은 마치 "나무가 흔드는 탬버린 소리에/멈춰 선 저녁이 깃털을 다듬고 있"는 것과 같은 고요의 감각처럼 다가온다. 김은호의 이토록 아름다운 서정성은 음악성을 내장하지 않고서는 도저히 나올 수 없는 아름다운 발성이다.

분홍빛 세상으로 가는 길은
너무 복잡하고 어려웠다

굿바이……

그녀의 검고 긴 머리에서 글썽거리는 눈발들
울지 않으려고 부르는 노래의 악보처럼,

빙하기를 건너온 노래 한 곡이
겨울나무 속에서 봄을 기다리고 있다

—「간빙기」 전문

시인은 '시인의 말'에 "나의 노래인 하느님과 가족, 이웃, 친구들, 뭇 생명과 가평 명지산에 감사한다"라고 적고 있다. 그리고 이어 "봄날, 독립군가를 부르며 오시는 아버지가 있다"고 말한다. 이처럼 시인에게 세계의 모든 것들은 노래인 음악성으로 이해된다. 물론 음악성의 아름다움이 언제나 긍정적 세계만을 의미하지는 않는다. 앞에서도 언급한 것처럼 그의 시에 나타난 음악성은 때로는 비애와 좌절로서의 그것이 다. 「간빙기」가 보여주고 있는 감수성 역시 비애와 좌절을 근간으로 하고 있다. 세계의 모든 긍정인 "분홍빛 세상으로 가는 길"은 "너무 복잡하고" 어렵다. 그리고 "검고 긴 머리"는 "글썽이는 눈발"이거나 "울지 않으려고 부르는 노래의 악보"와 연결된다.

김은호의 시집 『슈나우저를 읽다』가 만나고 싶은 세계는 과연 무엇인가? 아마도 그것은 시집의 마지막 작품 「간빙기」에서 언급한 것처럼 "겨울나무 속에서" 기다리는 봄일 것이다. 아마도 시인은 여기에 이르기 위해 "빙하기를 건너온 노래 한 곡"을 잊지 않고 부르고 또 부를 것이다. 『슈나우저를 읽다』는 잘 짜인 시적 감수성과 리듬으로 가득한 시집이다. 그것은 언뜻 보기에 감상적 인식과 표면적인 아름다움에 그친다는 인상을 주기도 하지만, 김은호의 시는 음악성과 결합하면서 시 본연의 감정과 미적 아름다움이라는 토대를 마련하게 된다. 근래의 우리 시단은 전위를 중심으로 한 특정한 경향에 치우친 면모가 없지 않았다. 그리고 이러한 경향은 시의 중요한 원리인 음악성과 일정한 거리를 두고 있는 것이기도 했다. 하지만 음악성은 얼마든 강조해도 지나침이 없는, 가장 중요한 시의 덕목이다. 따라서 『슈나우저를 읽다』가 보여주는 음악적 특성은 시의 근간이자 뿌리이며 시적 감수성의 가장 첨예한 지점이라는 점에서 중요한 가치를 지니는 것이다.

이 도서의 국립중앙도서관 출판시도서목록(CIP)은 서지정보유통지원시스템 홈페이지(http://seoji.nl.go.kr)와 국가자료공동목록시스템(http://www.nl.go.kr/kolisnet)에서 이용하실 수 있습니다.(CIP제어번호: CIP2018013577)

문학의전당 시인선 0281

슈나우저를 읽다

초판 1쇄 인쇄 2018년 5월 8일
초판 1쇄 발행 2018년 5월 15일
지은이 김은호
펴낸이 고영
책임편집 서윤후
디자인 헤이존
펴낸곳 문학의전당
출판등록 제2017-000002호
주소 서울시 마포구 마포대로 11길 91, 3층
전화 02-852-1977 팩스 02-852-1978
전자우편 sbpoem@naver.com

ISBN 979-11-5896-370-5 03810